イギリス歌曲シリーズ

BRITISH SONG SERIES

3

Amazing Grace

◆◆

なかにしあかねの編曲による
イギリスの聖歌とクリスマスキャロル

辻 裕久・なかにしあかね 監修

カワイ出版

序文

　私達日本人にとって最も親しみ深い外国語である英語を、ぜひ多くの歌手の皆様に歌って頂き、豊かなレパートリーの宝庫を手に入れて頂きたいと願って、このイギリス歌曲シリーズはスタート致しました。1巻『イギリス愛唱歌集　The Water is Wide』では、イングランド、スコットランド、ウェールズ、アイルランドの民謡を中心に、日本でも良く知られている歌を「愛唱歌」としてご紹介しました。2巻『シェイクスピアの世界　O mistress mine』では、言葉の魔術師シェイクスピアの言葉をテキストとしたバロックから20世紀初頭までの美しい歌曲を収録致しました。それらの歌が生まれた歴史・文化的背景や、各曲の英語歌唱のポイントなどを丁寧に解説することも、このシリーズの大切な役割と考えております。

　さて、この3巻は「イギリスの聖歌とクリスマスキャロル」編です。目次をご覧頂くと、ほとんどがご存知の歌ではないでしょうか。これらの歌は、今、驚くほど私達日本人の耳にも浸透しています。
　巻末に詳しく解説させて頂いておりますが、これらの歌は、教会の中だけで生まれ育ったのではなく、多くが民謡と同じように庶民の口から口へと歌い継がれてきたものです。替え歌、替えメロディーなんでもありの民謡の歴史と同じく、同じメロディーで世俗的な言葉を歌えば民謡となり、宗教的な内容を歌えばキャロルになる、聖歌同士も韻律が同じであれば歌詞とメロディーを自在に入れ替える・・・まさに変幻自在、自由自在な、生きるエネルギーの産物です。シンプルなメロディーと言葉は、民衆の声であり、だからこそ、時間を超え国を超え宗教を超えて、人々の耳に残り心に深くとどまるのだと思います。

　本書は文化としてのイギリスの歌に多角的に光を当てることを目的としておりますので、イギリス民謡を起源とする歌、作曲家（もしくは作詞家）がブリテン島かアイルランド島の出身である歌を、16曲ラインナップしております。現代良く歌われている歌詞やメロディーを基準として、歌曲として高声用に編曲しておりますが、もちろん移調や、歌詞の入れ替え、繰り返しのカットや装飾などは、どうぞご自由になさって下さい。これらの歌を通して、名もなき庶民の懸命な暮らしの傍に、その日その時の精神活動があり、歌があったことに想いを馳せて頂けましたら、幸いです。

　いつも力強くシリーズを応援して下さる、カワイ出版の早川由章さんはじめ、お世話になりました皆様に心より御礼申し上げます。

2019年　秋
辻　裕久
なかにしあかね

Amazing Grace

イギリスの聖歌とクリスマスキャロル

監修　辻　裕久　　なかにしあかね
編曲　なかにしあかね

1. What a Friend We Have in Jesus（いつくしみ深き） …………………… 4
2. Rock of Ages, Cleft for Me（ちとせの岩よ） ………………………………… 6
3. Deck the Hall（ひいらぎ飾ろう） ……………………………………………… 10
4. God Rest Ye Merry, Gentlemen（世の人忘るな） …………………………… 13
5. Joy to the World（もろびとこぞりて） ……………………………………… 16
6. O Come All Ye Faithful（神の御子は） ……………………………………… 19
7. Hark! The Herald Angels Sing（天には栄え） ……………………………… 24
8. Ding! Dong! Merrily on High!（ディンドン鐘が鳴る） …………………… 27
9. Once in Royal David's City（ダビデの町に） ……………………………… 30
10. The Holly and the Ivy（ひいらぎとつたは） ……………………………… 33
11. What Child is This（御使い歌いて〔グリーンスリーヴス〕） …………… 39
12. We Wish You a Merry Christmas（おめでとうクリスマス） …………… 41
13. The First Nowell（まきびとひつじを） ……………………………………… 46
14. The Twelve Days of Christmas（クリスマスの12日） …………………… 51
15. Coventry Carol（コヴェントリー・キャロル） …………………………… 61
16. Amazing Grace（アメイジング・グレイス） ……………………………… 65

イギリスの聖歌とクリスマスキャロル ……………………………………………… 69
各曲解説・日本語訳と歌い方ポイント …………………………………………… 71

＊（　）内は参考までに、よく知られている邦題をあげてあります。

Rock of Ages, Cleft for Me

Words by
Augustus Toplady

Music by Thomas Hastings
Arr. by Akane NAKANISHI

Deck the Hall

Words by
Thomas Oliphant

Music Welsh Traditional
Arr. by Akane NAKANISHI

God Rest Ye Merry, Gentlemen

Words Traditional

Music English Traditional
Arr. by Akane NAKANISHI

Joy to the World

Words by
Isaac Watts

Music by Lowell Mason
Arr. by Akane NAKANISHI

O Come All Ye Faithful

English Words by
Frederick Oakeley

Music by John Francis Wade ※
Arr. by Akane NAKANISHI

※解説 P.76 参照

Hark! The Herald Angels Sing

Words by
Charles Wesley

Music by Felix Mendelssohn
Arr. by Akane NAKANISHI

Once in Royal David's City

Words by
Cecil Frances Alexander

Music by Henry John Gauntlett
Arr. by Akane NAKANISHI

The Holly and the Ivy

Words English Traditional

Music English Traditional
Arr. by Akane NAKANISHI

What Child is This

Words by
William Chatterton Dix

Music English Traditional
Arr. by Akane NAKANISHI

We Wish You a Merry Christmas

Words English Traditional

Music English Traditional
Arr. by Akane NAKANISHI

The First Nowell

Words Traditional

Music Traditional
Arr. by Akane NAKANISHI

The Twelve Days of Christmas

Words Traditional

Music Traditional
Arr. by Akane NAKANISHI

Amazing Grace

Words by
John Newton

Music Traditional
Arr. by Akane NAKANISHI

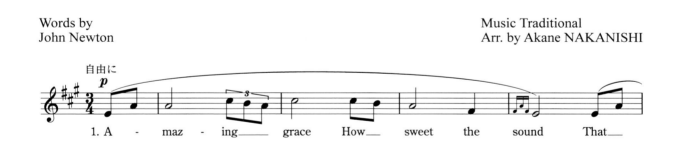

イギリスの聖歌とクリスマスキャロル

聖歌（Hymn）とキャロル（Carol）の違いについては、様々な定義が試みられています。各曲の内容に入る前に、HymnとCarolの違いについて述べた諸説をいくつかご紹介しましょう。（なお、聖歌と讃美歌ということばの使い分けについても、宗教・宗派による違いなどが語られますが、本書では西方教会で用いられる宗教歌の総称として「聖歌」を使います。）

1. 聖歌は礼拝の中で歌われる神への賛美。キャロルはクリスマス（時に冬の季節全般）、イースター、アドベントなどのお祝いの歌で、戸外や宴席での演奏を含む。
2. 聖歌は主として和声進行によって賛美を高揚させる。キャロルは通常キャッチーなメロディーとリフレインを持ち、子守歌、民謡、ポピュラー音楽などの性質も多くみられる。
3. 聖歌の歌詞は主として詩編から採られ、長いもので数百年の歴史を持つ。伝統的なキャロルの起源は中世に遡る。（本書にも収録している"ひいらぎとつたは"は4世紀ローマ時代にまで遡るとする説もある。）
4. キャロルは、礼拝の会衆のための聖歌と、世俗的な民謡の中間に位置する。
5. 聖歌は一般的により教義的であり、信仰の表現に重点を置く。キャロルは「神の民謡」であり、一部のキャロルは聖書の内容（約束、降誕、十字架、復活、再臨等）を題材とするが、より物語り的である。

各説それぞれに立ち位置は異なりますが、朧な全体像が浮かび上がってきます。ここでさらに、まずキャロルの歴史について、いくつかの学説からポイントを加えてみましょう。

- キャロルは古くからの口承による言葉を、民謡などのポピュラーなメロディーに乗せて歌うことによって伝えられてきた。
- 清教徒によるイングランド共和国時代（1649–1660）にはクリスマスを祝う事が禁止されたが、キャロルは冬の他の伝統行事の中で民衆によって歌い継がれた。
- 1660年の君主制の復活以後、キャロルはバラードと共にブロードサイド（ブロードシート。詳しくは1巻p76を参照）に印刷されて流布した。華やかに装飾されたクリスマスキャロルのブロードサイドはクリスマスの盛り上げにも一役買った。さらに18世紀後半の「福音の復活」により、新たな人気キャロルや聖歌が多く作られた。
- 19世紀に入り、キャロルのコレクションが編纂されるようになった。ハスク（William Henry Husk 1814–1887）による『降誕の歌 Songs of the Nativity』（1864）では、当時の好みに合わせて曲やテキストの改変が行われた。
- 19世紀後半にはさらに、外国語のキャロルを翻訳して既存のキャロルと組み合わせたり、異なるメロディーで歌われていた歌詞を新しいメロディーに合わせたり、人気のメロディーに新しいテキストを組み合わせるような「合成」が盛んに行われた。
- 民謡採集家セシル・シャープ（Cecil Sharp 1859–1924）は1907年に『English folk song, some conclusions 英国の民謡、いくつかの結論』を発表したが、それまでに彼が採集した1500曲もの民謡の多くはキャロルだった。伝統的なキャロルへの関心が高まったが、ヴィクトリア朝時代の「合成」キャロルも依然として歌われ続けた。
- 1924年にレイフ・ヴォーン・ウィリアムズ（Ralph Vaughan Williams 1872–1958）らが編纂した『The Oxford Book of Carols』では、①メロディーと歌詞が定まっているキャロル　②伝統的なメロディーに様々な古い歌詞がつくキャロル　③伝統的なメロディーに新しく歌詞をつけたキャロル　④伝統的なテキストに新たに作曲されたキャロル　⑤現代の作詞家と作曲家によって作られたキャロル　という項目で整理・分類された。
- 20世紀が進むと、より「民衆の間に生き生きと息づく」キャロルをめざして、新たな親しみやすい編曲が多く生まれた。また、キングスカレッジ・ケンブリッジのチャペルで毎年演奏される合唱編曲、新民謡運動の中で古来のキャロル歌唱に戻ろうとする試みなど、多様な演奏形態へと広がって行った。
- 1992年に出版された『The New Oxford Book of Carols』は、①作曲されたキャロル　②伝統的なキャロル　の2部構成で201曲のキャロルを詳細に解説し、キャロルの客観的かつ俯瞰的なコレクションとなっている。

キャロルの歴史は発生、継承、改変、採集、伝統回帰と新たな試みまで、民謡の歴史とほぼ重なることが感じられるのではないでしょうか。

一方でイギリスにおける「聖歌」の歴史にもいくつか注目すべきポイントがあります。

- ■イギリスの聖歌の源流はラテン語聖歌とイギリス古来の宗教的民謡である。また、ドイツから伝わったものも多い。
- ■ヘンリー８世の宗教改革（1534）後、『旧訳詩編歌』『新訳詩編歌』が流布した。
- ■18世紀はじめにウォッツ（Isaac Watts 1674–1748　本書収録 "Joy to the World" の作曲者）によって創作聖歌が盛んになった。自らの信仰体験を聖歌にしたウェスレー（Charles Wesley 1707–1788 "Hark! The Herald Angels Sing" の作詞者）や、トップレディー（Augustus Montague Toplady 1740–1778 "Rock of Ages, Cleft for Me" の作詞者）、ニュートン（John Newton 1725–1807 "Amazing Grace" の作詞者）など、非国教会派を中心とする多くの作家達が活躍した。
- ■19世紀にはオクスフォードを中心として英国国教会が活気づき、国教会派の作家を多く輩出した。本書掲載 "Once in Royal David's City" の作詞者であるガントレット（Henry John Gauntlett 1805–1876）は国教会のオルガニストであり、教会音楽の向上に努めた人物。
- ■20世紀後半には、若者への伝道の必要性からコンテンポラリー・ワーシップ・ミュージックが盛んとなり、ポップスのスタイルでの新しい賛美が開拓されている。

このようにキャロルも聖歌も、社会の変化と共にそれぞれのありようが変化し多様化してきました。これらをふまえて、冒頭に挙げた「聖歌」と「キャロル」1～5に、以下が付け加えられます。

6.　聖歌とキャロルの厳密な区分は歴史と共に曖昧になり、「聖歌集」にキャロルを含み、「キャロル集」に聖歌を含むことが通常となってきた。

さて、現在のイギリスの国教は英国国教会（The Anglican Church）ですが、もちろんローマ・カトリックや他の非国教徒も多く、ユダヤ教、イスラム教、ヒンズー教、仏教など多民族多宗教が共存共生しています。イギリスの「国立社会調査センター」の調査では、「自分は無宗教」と答えたイギリス人が2017年についに半数を超え（53％）、国教会信徒は全国民の15％程度という推計もあるそうです。（ご参考までに、2019年のNHK放送文化研究所世論調査部が行った日本国内での調査では、「特に信仰している宗教はない」と答えた人が62％。信仰があると答えた36％のうち仏教が31％、神道が3％、キリスト教が1％。）

この数字にもかかわらず、人々はお気に入りの聖歌を口ずさみ、クリスマス時期には、イギリスでも日本でも「クリスマス聖歌」「クリスマスキャロル」「クリスマスソング（"赤鼻のトナカイ" や、ポップアーティストのクリスマスをテーマにした歌など）」「クリスマスに言及しない冬の歌（"Winter Wonderland" など）」が入り混じって街にあふれます。

聖歌もキャロルも、本来の宗教的意義にとどまらず、広く音楽文化として受け入れられる力強い魅力を持っています。それは、その多くが民衆から生まれ民衆によって歌い継がれてきたものであり、日々の営みの中で人々の精神活動と共にあり続けたものであるからこその力なのだと思います。

本書の楽譜と解説は、本文中に挙げた
『Songs of the Nativity』（1864 Cambridge University Press）William Henry Husk
『English folk song, some conclusions』（1907 London: Simpkin & Co. and others）Cecil Sharp
『The Oxford Book of Carols』（1928 Oxford University Press）Percy Dearmer, R. Vaughan Williams, Martin Shaw
『The New Oxford Book of Carols』（1992 OUP）Hugh Keyte, Andrew Parrott
のほか、以下を参考にさせて頂いております。
『Hymns Ancient & Modern』（1861 The Canterbury Press Norwich）
『The Penguin Book of Carols』（1965 Penguin Books）Elizabeth Poston
The Canterbury Dictionary of Hymnology: web dictionary
Hymnary Org: web archive
ENCYCLOPÆDIA BRITANNICA
また Faber Music Ltd. Dover Publications, Boosey&Hawkes, 他の多数の楽譜を参照させて頂きました。

各曲解説・日本語訳と歌い方ポイント

　各曲の成り立ち、背景や英語歌唱のポイント、「Tune」と「Meter」についても可能な限り表記しております。歌詞については本巻で採用した節の大意のみを記載しておりますが、長いバージョンで歌われる場合にもフレキシブルに対応できるよう工夫しました。もちろん、他の歌詞のバージョンをあてはめて歌って頂いても良いですし、装飾なども自由になさって下さい。

Tune Names：メロディー名
慣習として聖歌のメロディーと歌詞はそれぞれ独立しており、同じ Meter（韻律）の歌詞と曲とを入れ替えることが可能です。このため、各曲は歌詞のタイトルとは別に、メロディーの名前を持っています。Tune Name は作曲家の姓や場所、歌詞に関連する言葉などから名付けられることが多いようです。

Meter：韻律
テキストの各フレーズのシラブル数を示します。テキストとメロディーを組み合わせる時には、ムードや単語のアクセントだけでなく、この韻律を一致させる必要があります。よく使われる韻律は、習慣的に Short Meter (SM)：6686、Common Meter (CM)：8686、Long Meter (LM)：8888 と呼ばれます。D は Double の略で、Meter が2倍であることを示します。たとえば1曲目「What a Friend We Have in Jesus」の 8.7.8.7.D は、1番全体の Meter が 8.7.8.7. × 2 となっていることを示しています。英語のリズムをつかむ参考にして頂ければ幸いです。

1. What a Friend We Have in Jesus （いつくしみ深き）1868

　　　作詞　Joseph Medlicott Scriven (1819–1886) アイルランド
　　　作曲　Charles Crozat Converse (1832–1918) 米
　　　Tune　CONVERSE
　　　Meter　8.7.8.7.D

　作詞者のスクライヴェンはアイルランド生まれで、ダブリンのトリニティカレッジで学んだ後、婚約者が結婚式前日に事故で溺死するという悲劇に見舞われました。この出来事からスクライヴェンはプリマス・ブレザレン派（プロテスタントの一派）に傾倒し、カナダに渡って教鞭を取るようになります。悲劇は再度スクライヴェンを襲い、カナダで出会ったエリーザという女性との結婚を目前に控えて、エリーザが病気で亡くなってしまいます。スクライヴェンは自らの苦難を糧として、生涯を恵まれない貧しい人々への奉仕活動に捧げました。この聖歌はアイルランドにいる母親への慰めとして書いたと言われています。晩年のスクライヴェンは心身ともに衰弱し経済的にも困窮していたと思われ、1886年に湖で溺死しました。絶望の中で救いと慰めを信じ続けたスクライヴェンの、魂の言葉です。
ev'rything = everything

(1) prayer ［préə］　r は巻き舌。［é］は付点二分音符で伸ばすので［éː］と長母音で歌唱。そのままでも良いが、音の切りぎわに長母音から口の形を変えず ə を添えるよう発音してもよい。bear, anywhere, share, care, there の語尾も韻を踏み同じように。
(2) forfeit ［fɔ́ːfit］　音形から語尾の母音も［fiːt］と長母音のように伸ばし音価分を歌う。
(3) load ［lóud］　二重母音。Lord ［lɔ́ːd］と発音が同じにならないよう注意。

1. What a friend we have in Jesus,	1. なんというイエスの友情か
All our sins and griefs to bear!	我らの罪も悲しみも引き受けて下さる
What a privilege to carry	なんという恩寵か
Ev'rything to God in prayer! (1)	すべては祈りによって神に届けられる
O what peace we often forfeit, (2)	おお　私達はしばしば平和を忘れ

O what needless pain we bear,
All because we do not carry
Ev'rything to God in prayer!

2. Have we trials and temptations?
   Is there trouble anywhere?
   We should never be discouraged;
   Take it to the Lord in prayer!
   Can we find a friend so faithful
   Who will all our sorrows share?
   Jesus knows our ev'ry weakness;
   Take it to the Lord in prayer!

3. Are we weak and heavy laden,
   Cumbered with a load [(3)] of care?
   Precious Savior, still our refuge
   Take it to the Lord in prayer!
   Do thy friends despise, forsake thee?
   Take it to the Lord in prayer!
   In his arms he'll take and shield thee;
   Thou wilt find a solace there.

おお　不必要な痛みを抱く
なぜなら　祈りによって
すべてを神に届けないからである

2. 試練や誘惑はあるだろうか？
   どこかに困難はあるだろうか？
   祈りによって主にすべてを届ければ
   落胆することもない
   このようにすべての悲しみをわかちあう
   誠実な友をみつけられようか？
   イエスは我らが弱さを知って下さる
   祈りによって主に届けるのだ

3. 私達は弱く重荷を負っている
   多くの悩みと共に
   大切な救い主は、今も我らを守って下さる
   祈りによって主に届けるのだ
   友はあなたを軽蔑し、見放すだろうか？
   祈りによって主に届けるのだ！
   彼の腕の中であなたは守られる
   そこに慰めがあろう

2. Rock of Ages, Cleft for Me（ちとせの岩よ）

作詞　Augustus Montague Toplady（1740–1778）英
作曲　Thomas Hastings（1784–1872）米
Tune　TOPLADY（Hastings）
Meter　7.7.7.7.7.7.

　イギリスの「4大讃美歌 Great Four Anglican Hymns」の1曲です。Great Four とは、19世紀に国教会とプロテスタントの教会で最も良く歌われていたとされる"All Praise to Thee, my God, this Night"（Thomas Ken 作詞）、"Hark! The Herald Angels Sing"（Charles Wesley 作詞）、"Lo! He Comes with Clouds Descending"（Charles Wesley 作詞）、"Rock of Ages, Cleft for Me"（Augustus Montague Toplady 作詞）の4曲で、本書にはこのうち2曲を収録しております。"Rock of Ages"は、作詞者のトップレディーがサマセット州（英）の峡谷で嵐から大岩の裂け目に避難した時に、インスピレーションを得てトランプの裏に書いたと言う伝説があります。

(1) ages　　[éidʒez]　語尾は[ʒiz]にせず、母音をハッキリ[e:]と発音し、音価分を歌唱する。
(2) wounded [wú:nded]　母音[ú:]は日本語のウより深い母音。上下奥歯の間に空間を保ち日本語のオに近い母音をイメージして歌うとよい。語尾は(1)と同様に、音価分はっきりした母音で歌唱。
(3) cure　　[kjɔ́:]　口語では[kjúər]と発音されるが歌唱の場合、母音の色を変えずに[ɔ́:]と長母音のまま歌い切る。舌をひねって口腔内にこもった音（r音性母音）を作らない。
(4) wrath　　[rɔ́θ]　「ラス」にならないよう注意。音価が長いのでこれも長母音のように[ɔ́:]と歌唱。語尾の子音[θ]は、高音での息の流れを止めて発音しようとせず、次のandの語頭で発音するとよいだろう。
(5) pure　　[pjɔ́:]　(3)と韻を踏んで同じように発音。

1. Rock of Ages, [(1)] cleft for me,
   Let me hide myself in thee;

1. 千歳の大岩よ　私のために裂けて
   私を隠しておくれ

Let the water and the blood, 水と血が
From thy wounded [(2)] side which flowed, 傷口から流れ出て
Be of sin the double cure; [(3)] 罪を浄め
Save from wrath [(4)] and make me pure. [(5)] 憤りから救い　浄めてくれる

2. Not the labors of my hands
   Can fulfill thy law's demands;
   Could my zeal no respite know,
   Could my tears forever flow,
   All for sin could not atone;
   Thou must save, and thou alone.

2. 私は弱く
   あなたの法を満たすことができない
   私の熱意はとどまることを知らず
   私の涙は永遠に流れ続けるが
   罪のすべてを贖うことはできない
   救えるのはただあなたのみ

3. Nothing in my hand I bring,
   Simply to the cross I cling;
   Naked, come to thee for dress;
   Helpless, look to thee for grace;
   Foul, I to the fountain fly;
   Wash me, Savior, or I die.

3. 私の手には何もない
   ただ握りしめる十字架のみ
   裸で　あなたに着る物を求める
   無力で　あなたに恵みを求める
   汚れた私を　泉の飛沫で浄めて下さい
   救い主よ　さもなければ私は死ぬしかない

4. While I draw this fleeting breath,
   When mine eyes shall close in death,
   When I soar to worlds unknown,
   See thee on thy judgment throne,
   Rock of Ages, cleft for me,
   Let me hide myself in thee.

4. 私が最期の息を引き取り
   まぶたを閉じる時
   私がまだ見ぬ世界へと旅立つ時
   あなたの玉座に見る
   千歳の大岩よ　私のために裂けて
   私を隠しておくれ

3. Deck the Hall（ひいらぎ飾ろう）

　　　作詞　Thomas Oliphant（1799–1873）スコットランド
　　　作曲　Welsh Traditional　16世紀ウェールズの踊りの歌が起源と言われている。
　　　Tune　Nos Galan もしくは Nos Gallen（New Year's Eve）
　　　Meter　8.8.8.8. with refrain

　軽快で楽しげなキャロルです。この Nos Galan というウェールズのメロディーには、ウェールズ語でも英語でもたくさんの歌詞のバージョンがありますが、ウェールズ語の歌詞は世俗的なものが多く、初期の歌詞は恋人同士が愛をささやく内容でした。本書で紹介しているのは現在よく歌われているオリファンの作詞によるものです。オリファンは音楽家、作家として活躍し、マドリガル協会の重要な役職も長く務めました。数多くのイタリアのマドリガルに英語の歌詞をつけ（翻訳も創作も含め）、ベートーヴェンのオペラ『フィデリオ』、オラトリオや歌曲、シューベルトの歌曲の英語版を作って広めました。この "Deck the Hall" もマドリガルの雰囲気を持っています。重唱、合唱も効果的でしょう。本書の楽譜は2節までですが、もし3節以降も歌う場合には、「　　」の部分を繰り返して下さい。
don ＝ put on（着る）　中英語で do on の短縮形
yule ＝クリスマス（の季節）
　yuletide は12月24日（クリスマス・イヴ）から1月6日（エピファニー顕現祭）までの期間。
　2番の最終行は while I tell の歌詞もよく歌われています。

(1) holly　　　[háli]　　hall [hó:l] と母音の色に差が出せるとよいだろう。また、holy [hóuli] と混同し二重母音で発音しないよう注意。
(2) before us　[bifó:rus]　次のスタンザとの押韻を意識し、chorus と音を揃えるようにリエゾンして歌うとよいだろう。

1. Deck the hall with boughs of holly, (1)
   Fa la la la la la la la la!
   'Tis the season to be jolly,
   Fa la la la la la la la!
   Don we now our gay apparel,
   Fa la la la la la la la!
   Troll the ancient Yuletide carol,
   Fa la la la la la la la!

2. See the blazing yule before us, (2)
   Fa la la la la la la la!
   Strike the harp and join the chorus,
   Fa la la la la la la la!
   Follow me in merry measure,
   Fa la la la la la la la!
   While we tell of Yuletide treasure,
   Fa la la la la la la la!

1. ひいらぎの枝で広間を飾ろう
   ファラララララララ！
   喜びの季節がやってきた
   ファラララララララ！
   陽気に着飾り
   ファラララララララ！
   季節のお祝いのキャロルを歌おう
   ファラララララララ！

2. 輝くクリスマスがすぐそこに！
   ファラララララララ！
   ハープを弾いて歌の輪に加わろう
   ファラララララララ！
   私に続いて楽しく踊って
   ファラララララララ！
   クリスマスの宝物を教えてあげる
   ファラララララララ！

4. God Rest Ye Merry, Gentlemen（世の人忘るな）

作詞　English Traditional
作曲　English Traditional
Tune　LONDON
Meter　8.6.8.6.8.6.with refrain

　16世紀以前からあったと思われる大変古いキャロルです。短調のメロディーもイギリスの伝統的なもので、この"God Rest Ye Merry, Gentlemen"の歌詞と組み合わせて広まったのは18世紀中頃からと思われ、1760年のブロードサイドが現存しています。詩には数多くのバージョンがありますが、現代英語の感覚ではGod rest ye, merry gentlemen と，の位置を変えた方が文法的に馴染みやすいため、「多くの間違いが起きている」そうです。チャールズ・ディケンズの小説『クリスマス・キャロル』（1843）の物語の中にも、わざと，の位置を変えてこのキャロルが皮肉っぽく登場します。本書の楽譜には2節までしか掲載しておりませんが、もし3節以降を歌う場合には、「　　」の部分を繰り返して下さい。

(1) our　　　[á:]　　　口語では [áuər] と発音されることも多いが、歌唱では [á:] と長母音になり、母音の色を変えないまま音価分を歌い切る。舌をひねって口腔内にこもった音（r音性母音）を作らない。

(2) pow'r　　[pá:]　　　power の e 母音省略形。口語では [páuər] と発音されることも多いが歌唱では(1)と同様に [pá:] と長母音で歌唱。1音符に1単語が当てられている場合（このように視覚上省略形が使われることもあるが）、省略形で書かれていなくても発音は同じ。

(3) heav'nly　[hévnli]　　heavenly [hévənli] の母音省略形。アクセントのない [ə] が音形に合わせ省略して歌われる。

(4) Bethlehem　[béθlihèm]　3つの四分音符に [bé-θli-hèm] と分割して歌唱。

1. God rest ye merry, gentlemen,
   Let nothing you dismay,
   Remember Christ, our (1) Saviour
   Was born on Christmas day,

1. 人々よ　神はこの良き日に休息を与えられる
   失望する恐れはない
   救い主キリストが
   私達が迷える時に

To save us all from Satan's pow'r [2]	悪魔の力から守るため
When we were gone astray;	このクリスマスの日に生まれたことを覚えよ

※O tidings of comfort and joy, comfort and joy,　　　※おお　慰めと喜びの知らせは来たり
　O tidings of comfort and joy.

2. From God our heav'nly [3] Father,　　　2. 天なる父　神から
　A blessed angel came;　　　　　　　　　　　祝福の天使が遣わされた
　And unto certain shepherds　　　　　　　　そして羊飼いたちに
　Brought tidings of the same:　　　　　　　この慰めと喜びの知らせをもたらした
　How that in Bethlehem [4] was born　　　ベツレヘムで
　The Son of God by name,　　　　　　　　　神の子が生まれたことを
　※(refrain)　　　　　　　　　　　　　　　　※(繰り返し)

5. Joy to the World（もろびとこぞりて）

　　　作詞　Isaac Watts（1674–1748）イングランド
　　　作曲　Lowell Mason（1792–1872）米
　　　Tune　ANTIOCH
　　　Meter　8.6.8.6.（6.8.）

　作詞者のウォッツはクリスマスの聖歌として書いたのではなく、詩編98から採った内容を詞にしたのですが、「救い主が現れる」を拡大解釈してクリスマスの歌と認知されるようになったそうです。メロディーは今ではANTIOCHに合わせることが定着しています。このANTIOCHの作曲者については、長い間、原曲はヘンデル作曲で、メイソンは編曲者と扱われて来ましたが、現在では、メイソンが「ヘンデル風に」作曲したものとみなされているようです。確かに、『メサイア』の"Glory to God"の冒頭のモチーフがそのまま使われているなど、ヘンデル賛歌のように感じられます。本書の編曲ではヘンデルとメイソンに敬意を表して、前奏で『メサイア』の「ハレルヤコーラス」の前奏を模したのをはじめ、随所に『メサイア』のモチーフをちりばめました。楽譜には2節までしか掲載しておりませんが、3節以降を歌う場合には、┌　┐の部分を繰り返して下さい。

(1) ev'ry　［évri］　　everyの母音省略形。1音符に1単語が当てられる場合の視覚上の省略であり、発音は同じ。
(2) heav'n［hévn］　heaven［hévən］の母音省略形。アクセントのない［ə］が省略して歌われる。語尾［vn］はandとリエゾンして歌唱。12小節のように1オクターブ跳躍する場合、［é:］のまま上のミに移行し、その後［vn］を添えるように発音。

1. Joy to the world! The Lord is come:　　　1. 世界よ喜べ！主は来たり！
　Let earth receive her King;　　　　　　　　大地よ王を迎え入れよ！
　Let ev'ry [1] heart prepare Him room,　　　心を開き　迎えまつれ
　And heav'n [2] and nature sing,　　　　　　天も自然も　歌い奉れ
　And heav'n and nature sing,　　　　　　　　天も自然も　歌い奉れ
　And heav'n, and heav'n and nature sing!　　天も　天も自然も　歌い奉れ

2. Joy to the world! The Saviour reigns:　　2. 世界よ喜べ！救い主の御代を
　Let men their songs employ;　　　　　　　　人みな歌え
　While fields and floods, rocks, hills and plains　野も洪水も、岩も丘も平野も
　Repeat the sounding joy,　　　　　　　　　くりかえし喜びを響かせよ！
　Repeat the sounding joy,　　　　　　　　　くりかえし喜びを響かせよ！
　Repeat, repeat the sounding joy!　　　　　くりかえし、くりかえし喜びを響かせよ！

6. O Come All Ye Faithful（神の御子は）

作詞　John Francis Wade（1711 or 1712–1786）イングランド　ラテン語の原詞作者
　　　Frederick Oakeley（1802–1880）イングランド　英語訳詞の作者
作曲　諸説あるが、現在では John Francis Wade 説が濃厚
Tune　ADESTE FIDELES
Meter　イレギュラー

　作曲者については諸説ありますが、1751 年にウェイドが五線譜にラテン語詞をつけて出版したものが確認できる最古の版です。ウェイドはカトリック信者であり、この詩はボニー・プリンス・チャーリーに捧げられたとも言われています。1745 年のジャコバイト蜂起の後、ウェイドを含む多くのカトリック信徒がフランスに渡ったので、メロディーはフランスで書かれたと考えられています。オークリーは 19 世紀に国教会の「オクスフォード運動」と呼ばれる信仰復興運動で活躍しましたが、後にカトリックの僧となった異色の経歴を持っています。この聖歌は多くの翻訳や詞の改変が行われましたが、19 世紀半ばにオークリーの英訳が定着しました。詞から感じられる、希望に向かって急ぐ雰囲気を表現しやすいように編曲しました。

(1) Bethlehem　[béθlihèm]　音形に合わせ [bé:-θli-hèm] と [bé:] で伸ばし、あとは提示のとおり分割して歌唱。
(2) adore　[ədɔ́:]　語尾は口腔内にこもった r 音を作らず [ɔ́:] と長母音のまま歌唱。
(3) lo　[lóu]　二分音符の音価を [ló:] と o の長母音で伸ばし [u] を切りぎわに優しく添えるように発音する。
(4) virgin's　[və́:dʒinz]　口腔内にこもった r 音を作らず [ə́:] と長母音のまま歌唱。
(5) citizens　[sítəzənz]　四分音符 3 つに [sí-tə-zənz] と分割して歌唱。語尾 [z] は次ぎの of とリエゾンして歌うとよい。
(6) heav'n　[hévn]　heaven [hévən] の母音省略形。[hé:] と音価分長母音で伸ばし、語尾の母音 [ə] は省略される。語尾の子音 [n] は次の above とリエゾンするとよいだろう。
(7) giv'n　[gí:n]　given [gívən] の省略形。

1. O come, all ye faithful, joyful and triumphant,
   O come ye, O come ye to Bethlehem; (1)
   Come and behold him, born the King of angels;
   ※O come, let us adore (2) him; O come, let us adore him;
   O come, let us adore him, Christ the Lord!

1. さあ！すべての敬虔な、喜びと勝利に満ちた人々よ
   さあ！ベツレヘムに来なさい
   お生まれになった天使たちの王を見に来なさい
   ※さあ拝みに行こう！　さあ拝みに行こう！
   さあ拝みに行こう！主キリストを！

2. God of God, Light of Light;
   Lo, (3) he abhors not the virgin's (4) womb;
   Very God, begotten not created;
   ※(refrain)

2. 神の神、光の光
   見よ　処女懐胎により
   まことの神はもうけられた
   ※（繰り返し）

3. Sing, choirs of angels, sing in exultation,
   Sing, all ye citizens (5) of heav'n (6) above;
   Glory to God, all glory in the highest;
   ※(refrain)

3. 歌え　天使達の合唱よ　歓喜のうちに
   歌え　天上の民みなすべて
   神の栄光　すべての至上の栄光を
   ※（繰り返し）

4. Yea, Lord, we greet thee, born this happy morning;
   Jesus, to thee be all glory giv'n; (7)
   Word of the Father, now in flesh appearing;
   ※(refrain)

4. 今こそ主よ　この幸せな朝に
   イエスをお迎えしよう　すべての栄光のうちに
   父の御言葉は今　人となって現れた
   ※（繰り返し）

7. Hark! The Herald Angels Sing（天には栄え）

　　　作詞　Charles Wesley（1707–1788）イングランド
　　　作曲　Felix Mendelssohn-Bartholdy（1809–1847）ドイツ
　　　Tune　MENDELSSOHN
　　　Meter　7.7.7.7. D with refrain

　「イギリス4大讃美歌」Great Four の1曲です。作詞者のウェスレーは、「6500曲以上」の聖歌を書いたと言われ、Great Four のうち2曲がウェスレーの作です。メソジスト運動の指導的立場にあった兄のジョンと共に、メソジスト・リバイバルに傾倒しました。メロディーの原曲はメンデルスゾーンが1840年に、ライプツィヒでのヨハネス・グーテンベルクの印刷技術完成400周年記念祝典のために作曲した、男声合唱と吹奏楽のための『祝典歌』（Festgesang）の第2曲です。このメロディーをカミングス（William H. Cummings 1831–1915）がウェスレーの詞にあてがったものが、『Hymns Ancient & Modern』に収録されました。本書の編曲では、メンデルスゾーンへの敬意を込めて、原曲である『祝典歌（グーテンベルク・カンタータ）』第2曲と同じ始まり方を採用しました（原曲では冒頭の♩♪。で合唱が高らかに「Gu-ten- berg!」と歌い上げます）。短調の間奏も、原曲の中間部の曲想に添ったものです。

（1）th'angelic　　[ðiæn-dʒé-lik]　　the の母音が省略され angelic とリエゾンして発音。発音記号に示したように分割して歌唱する。
（2）host　　　　　[hóust]　　　　　四分音符1つに付されているが、二重母音をはっきりと発音。
（3）Bethlehem　　[béθlihèm]　　　音形に合わせ [bé:-θli-hèm] と歌唱。
（4）heav'n　　　　[hévn]　　　　　heaven [hévən] の母音省略形。[hé:] で伸ばし語尾の母音 [ə] は省略。語尾の子音 [-vn] と次の adored をリエゾンして歌うとよいだろう。
（5）th'incarnate　[ðin-ká:-nət]　　（1）同様に the の母音省略。incarnate とリエゾンして発音。発音記号で示したように分割し、音形に合わせて歌唱。
（6）Emmanuel　　[imǽnjuəl]　　　音形に合わせ [i-mǽ-nju-əl] と歌唱。
（7）ris'n　　　　　[rízn]　　　　　risen のアクセントのない e 母音が視覚的に省略された形。[rí :] で伸ばし、語尾の子音 [-zn] は次の with の語頭にくっつけて発音するとよいだろう。

1. Hark! the herald angels sing,
　　"Glory to the newborn King:
　　Peace on earth, and mercy mild,
　　God and sinners reconciled!"
　　Joyful, all ye nations, rise,
　　Join the triumph of the skies;
　　With th'angelic [(1)] host [(2)] proclaim,
　　"Christ is born in Bethlehem!" [(3)]

　※Hark! the herald angels sing,
　　"Glory to the newborn King."

2. Christ, by highest heav'n [(4)] adored,
　　Christ, the everlasting Lord!
　　Late in time behold Him come,
　　Offspring of the Virgin's womb:
　　Veiled in flesh the Godhead see;
　　Hail th'incarnate [(5)] Deity,
　　Pleased as man with men to dwell,
　　Jesus, our Emmanuel. [(6)]

　※（refrain）

1.　聞け！　天使達の前触れの歌を
　　「新たに生まれた王に栄光を
　　　地に平和を　穏かな慈愛に満ち
　　　神と罪びとは共にある」
　　喜びと共に民みな立ち上がれ
　　天の勝利に加われ
　　天使が宣言する
　　「キリストがベツレヘムに生まれた」

　※聞け！天使たちの前触れの歌を
　　「新たに生まれた王に栄光を」

2.　至上の天の誉め讃えるキリストよ
　　永遠の主　キリストよ！
　　彼が来るのを見よ
　　処女から生まれ
　　人間の肉体に包まれた神格を
　　人の形をした神を讃えよ
　　人々と共にあられる
　　イエス、わがエンマヌエル

　※（繰り返し）

3. Hail the heav'n-born Prince of Peace!
   Hail the Sun of Righteousness!
   Light and life to all He brings,
   Ris'n [7] with healing in His wings.
   Mild He lays His glory by,
   Born that man no more may die,
   Born to raise the songs of earth,
   Born to give them second birth.
   ※ (refrain)

3. 天より生まれし平和の君を讃えよ
   正義の太陽を讃えよ
   光と命をもたらし
   慰めの翼を広げ
   栄光をたたえ
   生まれし君はとこしえに生きる
   地に歌があふれ
   再びの命を与えて下さる
   ※(繰り返し)

8. Ding! Dong! Merrily on High!（ディンドン鐘が鳴る）

作詞　George Ratcliffe Woodward (1847–1934) イングランド
作曲　French Traditional（採集）Thoinot Arbeau (1519–1595) 仏
Tune　BRANLE DE L'OFFICIEL
Meter　7.7.7.7.

　メロディーは16世紀にフランスの司祭トワノ・アルボ（本名ジュアン・タブロ Jehan Tabourot）がダンス音楽の教本『Branle de l'Official』に収めたもの。この世俗の音楽にウッドウォードが作詞して、『The Cambridge Carol Book』(1924) に収録したのが初出となった、比較的新しいキャロルです。ウッドウォードは国教会の教区牧師であると共に熱心な研究者でもあって、ドイツ語、ラテン語、ギリシャ語等の聖歌からの翻訳や、知られざる名曲の発掘に力を注ぎました。アイルランド出身の作曲家ウッド (Charles Wood 1866–1926 ケンブリッジでヴォーン・ウィリアムズの、英国王立音楽院でハーバート・ハウエルズの先生でした) と組んで、多くのキャロルを世に出しました。この "Ding! Dong! Merrily on High!" では、教会の鐘の鳴り響く様子が生き生きと表現されています。編曲もその当初の目的に添うように努めました。重唱も効果的でしょう。

(1) heav'n　[hévn]　heaven [hévən] の母音省略形。語尾の母音 [ə] は省略され、語尾の子音 [-vn] が次の the とくっつけて発音されるとよいだろう。
(2) riv'n　[rívn]　rive の過去分詞 riven [rívən] の母音省略。
(3) e'en　[íːn]　even [íːvən] の省略形。
(4) swungen　[swʌ́ŋən]　語尾は独語 singen [ziŋən] などと同じ音。
(5) people　[píːpl]　語尾は上の歯に舌を付け [l] を発音しつつ鼻腔に息を流してハミングのように響きを保ち音程を作る。
(6) sungen　[sʌ́ŋən]　語尾は独語 singen [ziŋən] などと同じ音。
(7) e'entime　[íːntáim]　eventime の省略形。この場合の even は evening の意。

1. Ding dong! Merrily on high
   In Heav'n [1] the bells are ringing:
   Ding dong! Verily the sky
   Is riv'n [2] with angel-singing.

   ※Gloria, Hosanna in excelsis!

2. E'en [3] so here below, below,
   Let steeple bells be swungen, [4]
   And io, io, io,
   By priest and people [5] sungen. [6]
   ※ (refrain)

1. ディン！ドン！朗らかに空高く
   鐘の音が天高く鳴り響く
   ディン！ドン！ まさにあの空から
   天使たちの合唱が現れる

   ※栄えあれ　万歳（救いたまえ）　いと高きところに

2. この低き地においても
   尖塔の鐘を鳴り響かせよ
   そしてイオイオイオ
   聖職者や人々が歌う
   ※(繰り返し)

3. Pray ye, dutifully prime
　　Your matin chime, ye ringers;
　　May ye beautifully rhyme
　　Your e'entime [7] song, ye singers.
　※ (refrain)

3. 祈れ　忠実なる朝の祈りに
　　朝課の鐘を鳴らせ
　　美しい韻を
　　夕べの祈りに歌え
　※（繰り返し）

9. Once in Royal David's City（ダビデの町に）

　　作詞　Cecil Frances Alexander（1818–1895）アイルランド
　　作曲　Henry John Gauntlett（1805–1876）イングランド
　　Tune　IRBY
　　Meter　8.7.8.7.7.7.

　作詞者のアレクサンダーは幼少期から詩作を始め、「オクスフォード運動」にも強く影響された聖歌作家で、夫も大主教を務めた聖職者でした。セシルは子供のための聖歌集など多くの聖歌集を出版し、その収益を慈善活動に注ぎました。（一方で、彼女の階級制を是認するような歌詞が現在では削除されて歌われるなど、後世の批判も受けています。）作曲者のガントレットは40歳で弁護士を辞め音楽に専念した、オルガニストであり聖歌作家でした。教会音楽の向上に努め数多くの聖歌を書きましたが、中でも最も有名なメロディーがIRBYで、今では "Once in Royal David's City" の詞で歌われることがほとんどとなりました。

　1918年からケンブリッジのキングスカレッジチャペルで行われているクリスマスイヴの礼拝（A Festival of Nine Lessons and Carols）は、伝統的にこの "Once in Royal David's City" を入場の音楽として始まります。この礼拝はイギリス国内では生中継で、またBBC Worldでも世界に向けて放送され、第1節を歌うソリストの少年は、当日の放送開始直前に選ばれるそうです。楽譜には2節までしか記載しておりませんが、3節以降を歌われる場合には「　　」の部分を繰り返して下さい。

(1) cattle　[kǽtl]　音形に合わせ、母音は［kǽː］で伸ばし、語尾［-tl］は舌を上の歯に付け［l］を発音しつつ鼻腔に息を流してハミングのように響きを保ち音程を作るとよい。
(2) little　[lítl]　音形に合わせ、母音は［líː］で伸ばし、語尾［-tl］は舌を上の歯に付け［l］を発音しつつ鼻腔に息を流してハミングのように響きを保ち音程を作るとよい。

1. Once in royal David's city
　　Stood a lowly cattle [1] shed,
　　Where a mother laid her baby
　　In a manger for his bed:
　　Mary was that mother mild,
　　Jesus Christ, her little [2] child.

1. むかしダビデ王の町の
　　みすぼらしい家畜小屋で
　　母親が赤ちゃんを寝かせた
　　赤ちゃんの寝床はかいばおけ
　　母はマリア
　　そのみどりごはイエス・キリスト

2. He came down to earth from heaven
　　Who is God and Lord of all,
　　And his shelter was a stable,
　　And his cradle was a stall:
　　With the poor, and mean, and lowly,
　　Lived on earth our Saviour holy.

2. 天から地上へと降りて来られた
　　神　すべての主
　　そのおられるところは家畜小屋であり
　　そのゆりかごは小さなうまや
　　貧しく　さもしく　卑しい人々と共に
　　聖なる救い主は地上に住まわれた

10. The Holly and the Ivy（ひいらぎとつたは）

作詞　English Traditional
作曲　English Traditional
Tune　THE HOLY AND THE IVY
Meter　7.6.8.6. with refrain

　本書に収録した中でも最も古いと思われる伝統的なキャロルで、起源は4世紀頃のローマ時代にまで遡るとする説もあります。ひいらぎ（西洋ヒイラギ）は常緑で真冬に赤い実をつけることから、キリスト教以前から聖木とされ魔力があると信じられていました。同じく常緑のアイビーも、家の壁に這わせると魔除けになると信じられていました。後にキリスト教徒が、緑は成長、白い花は命と栄光、赤は聖霊（もしくはキリストの血）等の象徴づけと共に、クリスマスの飾りつけに用いるようになったそうです。本書に収録の"Deck the Hall"でも「ひいらぎを飾ろう」と歌われるように、特にひいらぎはキリスト教において様々な象徴性を与えられています。このキャロルもクリスマスのキャロルではありませんでしたが、次第に歌詞にキリスト教色が加味され、19世紀にはすでに様々な歌詞のバージョンと共に楽譜が出版されていました。6/8拍子の陽気なメロディー（本書収録のメロディーとは全く異なる）でもよく歌われています。本書に収録したメロディーは、民謡採集家セシル・シャープの『English Folk-Carols』(1911)に収録されて広まりました。

(1) organ　[ɔ́:gən]　母音にrを混ぜずに［ɔ́:］と長母音で歌唱。
(2) choir　[kwáiə]　二分音符1つにこの単語をはめる場合［kwá:］で音価分伸ばし、切りぎわに［á:］から口腔の形を変えずに［-iə］を付け足すように発音。
(3) flow'r　[flá:]　flower の略。power を［pá:］と発音したように、母音を長母音で歌唱する。
(4) morn　[mɔ́:n]　morning の意。母音が暗くならないよう注意。

1. The holly and the ivy,
　　When they are both full grown,
　　Of all trees that are in the wood,
　　The holly bears the crown:
　※O, the rising of the sun,
　　And the running of the deer,
　　The playing of the merry organ, (1)
　　Sweet singing in the choir. (2)

2. The holly bears a blossom,
　　As white as lily flow'r, (3)
　　And Mary bore sweet Jesus Christ,
　　To be our sweet Saviour:
　※ (refrain)

3. The holly bears a berry,
　　As red as any blood,
　　And Mary bore sweet Jesus Christ,
　　To do poor sinners good:
　※ (refrain)

4. The holly bears a prickle,
　　As sharp as any thorn,
　　And Mary bore sweet Jesus Christ,
　　On Christmas day in the morn: (4)
　※ (refrain)

1. ひいらぎとつた
　　どちらも緑に茂り
　　森のすべての木の中で
　　ひいらぎは王冠を戴く
　※おお　太陽は昇り　鹿が走る
　　オルガンが朗らかに響き
　　コーラスが優しく歌う

2. ひいらぎは花をつける
　　ユリのように白い花を
　　イエス・キリストはマリアから生まれた
　　私達の大切な救い主となるために
　※（繰り返し）

3. ひいらぎは実を結ぶ
　　血のように赤い実を
　　イエス・キリストはマリアから生まれた
　　哀れな罪びとに恵みをもたらすために
　※（繰り返し）

4. ひいらぎはとげをもつ
　　いばらのように鋭いとげを
　　イエス・キリストはマリアから生まれた
　　クリスマスの朝に
　※（繰り返し）

5. The holly bears a bark,
   As bitter as the gall,
   And Mary bore sweet Jesus Christ,
   For to redeem us all:
   ※(refrain)

6. (1と同じ)

5. ひいらぎには樹皮がある
   とても苦い樹皮
   イエス・キリストはマリアから生まれた
   私達すべてを救うために
   ※(繰り返し)

6. (1と同じ)

11. What Child is This（御使い歌いて〔グリーンスリーヴス〕）

作詞　William Chatterton Dix（1837–1898）イングランド
作曲　English Traditional
Tune　GREENSLEEVES
Meter　8.7.8.7.with refrain

　イギリスの 16 世紀頃に流行した伝統的なバラッド「グリーンスリーヴス」のメロディーを使った曲です。本シリーズ第 1 巻ではクィルター（Roger Quilter 1877–1953）の編曲による "My Lady Greensleeves"（歌詞はアイルランドの詩人 John Irvine）を収録しておりますが、世俗の民謡として数多くの歌詞のバージョンがあります。"What Child is This" は 1865 年に重病に伏していたチャタートン・ディックスが、聖書に救われた経験を通して詞を付けたもので、宗教的な歌詞の中ではおそらく現在最も良く歌われているものです。『The Oxford Book of Carols』（1924）には New Year Carol として新年を迎える歌詞バージョンが収録されています。本書の編曲では、16 世紀エリザベス朝のリュートソングのような雰囲気を醸し出してみました。装飾など自由につけて頂くと効果的かと思います。また、コーラス部分は、重唱もしくは二部合唱でもどうぞ。

（1）laud　[lɔ́ːd]　　賛美するという意味だが、Lord [lɔ́ːd] と同じ発音。

1. What Child is this, who laid to rest,
   On Mary's lap is sleeping?
   Whom angels greet with anthems sweet,
   While shepherds watch are keeping?

   ※Chorus:
   This, this is Christ, the King,
   Whom shepherds guard and angels sing:
   Haste, haste to bring Him laud, (1)
   The Babe, the Son of Mary!

2. Why lies He in such mean estate,
   Where ox and ass are feeding?
   Good Christian, fear: for sinners here
   The silent Word is pleading.
   ※(refrain)

3. So bring Him incense, gold, and myrrh,
   Come, peasant, king to own Him.
   The King of kings salvation brings;
   Let loving hearts enthrone Him.
   ※(refrain)

1. この子は何者か
   マリアの膝に抱かれ眠る
   天使達が頌歌を捧げ
   羊飼い達が見守る中で

   ※(コーラス)
   まさに彼こそ王キリスト
   羊飼いが見守り天使が誉め讃える
   急ぎ馳せ参じて賛美しよう
   このおさなご　マリアの子

2. なぜ彼はこのようなみすぼらしい
   雄牛やロバの飼葉のところに？
   よきキリスト者よ　恐れよ　罪びとよ
   静かなる福音が伝えられる
   ※(繰り返し)

3. 乳香と黄金と没薬を捧げよ
   農夫も王も　来て拝めよ
   王の中の王が救いをもたらす
   愛をもって彼に冠を戴かせよ
   ※(繰り返し)

12. We Wish You a Merry Christmas（おめでとうクリスマス）

作詞　English Traditional
作曲　English Traditional
Tune　MERRY CHRISTMAS
Meter　イレギュラー

　16世紀のイングランド西部が起源とされるクリスマスキャロルです。クリスマスイヴに家々の玄関でクリスマスキャロルを歌う「キャロリング」の伝統は、今もイギリスで続いていますが、その「キャロラー」達が多くの場合最後に歌うのがこの "We Wish You a Merry Christmas" です。もとは裕福な家庭がキャロラー達のクリスマスと新年の祝福の歌に対して「figgy puddings」（イチジクのプディング）などのお返しをする習慣でした。ただし当時のイングランド西部地方での「figgy pudding」はレーズンかプラムのプディングで、イチジクは入っていなかったという研究もあります。（最近ではキャロラー達の訪問を迷惑に思う家も増え、キャロリングの伝統を守るために賞金付きの新作キャロルの公募なども行われているそうです。）

　この "We Wish You a Merry Christmas" は一般に広く浸透し、クリスマスソングとしての編曲や翻案も多くされています。本書の編曲では、このキャロルの逞しい生命力に敬意を表して、伝統的な3拍子からリズミカルな4拍子へと変貌を遂げ、最後に初心に返って静かに終わります。

(1) Year [jíə]　(2) here [híə]　これら2つの単語は韻を踏み同じように母音を [íː] で伸ばし、切りぎわに軽く [ə] を添えて歌唱する。

1. We wish you a Merry Christmas, ×3
　　And a Happy New Year $^{(1)}$!

　※Good tidings we bring
　　To you and your kin;
　　We wish you a Merry Christmas
　　And a Happy New Year!

2. Oh, bring us some figgy pudding, ×3
　　And bring it right here $^{(2)}$!

3. We won't go until we get some, ×3
　　So bring it right here!
　※(refrain)

1. あなたに楽しいクリスマス ×3
　　そして幸せな新年が訪れますように!!

　※あなたや家族の皆様に
　　良き知らせをお持ちします
　　あなたに楽しいクリスマス
　　そして幸せな新年が訪れますように!!

2. 私達にいちじくのプディングを ×3
　　今ここに持ってきてください

3. 私達はプディングを頂くまで去りませんよ ×3
　　だから今ここに持ってきてください
　※(繰り返し)

13. The First Nowell（まきびとひつじを）

  作詞 Traditional
  作曲 Traditional
  Tune THE FITST NOWELL
  Meter イレギュラー

 この曲の起源については、イギリスもしくはフランスの、中世から17世紀頃までの間に発生したという曖昧な説が入り乱れています。"The First Noel" と綴られることが多いですが、本書ではイギリスの古風な Nowell を採りました。イギリスでは、このメロディーはイギリス西部のコーンウォール地方の民謡だと言われています。クリスマスに歌われることの多いキャロルですが、内容的にはエピファニー（顕現祭または公現祭。キリスト降誕の12日後の1月6日。東方の三賢人が訪ねてきて乳香、黄金、没薬の贈り物をして、神の出現を明らかにした日）にふさわしいとされています。本書の編曲でも、流れ星に導かれてイエスの元へ辿り着くようなイメージを表現してみました。本書の楽譜は4節までで作っておりますが、5節以上歌われる場合は23小節目〜49小節目の繰り返し回数を増やして下さい。

(1) Nowell   [nouél]   Noel の古い綴り。二重母音をハッキリ発音し [é] 母音が曖昧母音にならないよう注意。
(2) looked   [lúkəd]   付点四分音符と最初の8分音符で [lúː] と伸ばし、[kə:] と8分音符2つをレガートで歌って、語尾 [d] は次の up とリエゾン。
(3) continued [kəntínjuːd]   語頭の発音が「コン」にならないよう注意。
(4) Israel   [ízreiəl]   最初の四分音符2つで [íː] と母音を伸ばし、3つ目を [-rei-] と二重母音で発音、二分音符で [ə:l] と歌唱。
(5) o'er   [ɔ́ː]   over の省略形。
(6) Bethlehem [béθlihèm]   音形に合わせ [béː-θli-hèm] と歌唱。

1. The first Nowell (1) the angel did say
 Was to certain poor shepherds in fields as they lay;
 In fields where they lay keeping their sheep,
 On a cold winter's night that was so deep.

  1. 天使たちが最初に
   ノエル（キリストの生誕）を伝えた
   寒い冬の深夜
   貧しい羊飼い達が羊の群れを守る野に

2. They looked (2) up and saw a star
 Shining in the east, beyond them far;
 And to the earth it gave great light,
 And so it continued (3) both day and night.

  2. 彼らは空を見上げ星を見た
   遠い東の空に輝く星は
   地上に輝く光を届けていた
   その光は昼夜輝き続けた

 ※Nowell, Nowell, Nowell, Nowell,
  Born is the King of Israel. (4)

  ※ノエル、ノエル・・・
   イスラエルの王がお生まれになった

3. And by the light of that same star
 Three Wise Men came from country far;
 To seek for a king was their intent,
 And to follow the star wherever it went.
 ※ (refrain)

  3. その同じ星に導かれ
   3人の賢者が遠い国から
   王を探しにやってきた
   星に導かれどこまでも
  ※（繰り返し）

4. This star drew nigh to the northwest,
 O'er (5) Bethlehem (6) it took its rest;
 And there it did both stop and stay,
 Right over the place where Jesus lay.
 ※ (refrain)

  4. 星は北西に進み
   ベツレヘムの上で止まった
   イエスの横たわるその上で
   星は瞬いた
  ※（繰り返し）

14. The Twelve Days of Christmas (クリスマスの12日)

作詞　Traditional
作曲　Traditional
Tune　[On the First day of Christmas my true love sent to me]
Meter　イレギュラー

　クリスマスからエピファニーまでの12日間のお祝いの間に、次々と贈り物が増えて行く「つみかさねうた」（つみあげうた）形式の数え歌です。ゲール語が起源ではないかと考えられており、18世紀初めのイングランドのブロードサイドにはすでに印刷されていました。歌詞のバージョンも無数にありますが、1909年にオースティン（Frederic Austin 1872–1952）が民謡からまとめたものが定着しました。「つみかさねうた」はマザー・グースなどにも見られるこどもの遊び歌で、前の人が言った贈り物を全部覚えて新しいものをひとつ加えて次の人に回すというゲームです。絵や演出を加えたり、数人（～12人？）で分担して歌っても楽しいと思います！
cally-bird ＝ blackbird

(1) pear　　　[péə]　　　音価分 [pé:] と伸ばし、切りぎわに [ə] を口の形を変えず、添えるように発音。
(2) callybirds　[kɔ́:libə:dz]　縦にしっかり開いた [ɔ] の長母音で歌唱。

1. On the first day of Christmas
   my true love sent to me:
   a partridge in a pear ⁽¹⁾ tree.

   ↓ (continued cumulatively)

12. On the twelfth day of Christmas
    my true love sent to me:
    12 drummers drumming
    11 pipers piping
    10 lords a-leaping
    9 ladies dancing
    8 maids a-milking
    7 swans a-swimming
    6 geese a-laying
    5 golden rings
    4 cally-birds ⁽²⁾
    3 French hens
    2 turtle doves
    and a partridge in a pear tree.

1. クリスマスの最初の日
   恋人が私に贈ってくれた
   梨の木にとまる1羽のヤマウズラ

   ↓ （同様に積み上げて行く）

12. クリスマスの12日目に
    恋人が私に贈ってくれた
    12人の太鼓叩くドラマー
    11人の笛吹き（バグパイプ吹き）
    10人の跳ねる貴族
    9人の躍る淑女
    8人の乳搾りの乙女
    7羽の泳ぐ白鳥
    6羽の卵を抱いたガチョウ
    5つの金の指輪
    4羽のクロツグミ
    3羽のフランスメンドリ
    2羽のキジバト
    そして梨の木に止まる1羽のヤマウズラ

15. Coventry Carol（コヴェントリー・キャロル）

作詞　Anon.　可能性としては Robert Croo（生没年不詳）イングランド
作曲　English Traditional
Tune　COVENTRY CAROL
Meter　4.4.6.D with refrain

　ヘロデ王の幼児虐殺をテーマとしたキャロルで、起源は 15 ～ 16 世紀頃まで遡ると言われています。確認できる最古の歌詞は、イングランド中部のコヴェントリーで 14 世紀頃から伝統的に上演されていた聖史劇（神秘劇 mystery play）の中で歌われていたキャロルを、クルー（もしくはクロー Crowe）が 1534 年に書きとめたものです。16 世紀の宗教改革による国教会成立後も、このキャロルを含むクルーの台本は上演され続けました。リフレインが最初と最後に来る変則的な形で、メロディーは自在に伸縮し、ピカルディの 3 度が印象的にかすかな希望と不安を交錯させます。『The Oxford Book of Carols』(1928) には、オリジナルバージョンと並べて、全体を 3 拍子に整えた「モダンバージョン」も掲載されました。本書の編曲では、オリジナルの自在な伸縮や和音の交錯を生かしています。伴奏も自由に装飾して、自在な語り口で歌ってみて下さい。

(1) lully, lula, lullay　［luli lulʌ lulei］　赤ん坊などをあやし、なだめる言葉。
(2) Herod　［hérəd］　母音［é:］は縦に開いた強い母音。r は巻いて語意を強調するとよいだろう。
(3) chargéd　［tʃá:rdʒéd］　過去形の語尾 -ed も縦に開いた母音でしっかり音価にはめて歌唱する。
(4) poor　［pɔ́:］　口語の発音［púə］にならないよう注意。
(5) morn　［mɔ́:n］　morning の意。

※Lully, lulla, (1)　Thou little tiny child,
　By by, lully lullay. (1)

1. O sisters too,　How may we do,
　For to preserve this day?
　This poor youngling, For whom we sing,
　By by, lully lullay!

2. Herod (2) the king,　In his raging,
　Chargéd (3) he hath this day,
　His men of might,　In his own sight,
　All young children to slay.

3. That woe is me, Poor (4) child for thee!
　And ever morn (5) and day,
　For thy parting, Neither say nor sing
　By by, lully lullay!

※ (refrain)

※おやすみ　おやすみ　か弱きみどりご
　おやすみ　おやすみよ

1. 姉よ妹よ　どうやって
　この一日を守りましょう
　子守歌を歌ってきかせる
　哀れなこの子を守りましょう

2. ヘロデ王は激しく怒り
　今日この日兵士達に命じました
　目に入る
　すべての子供を殺せと

3. なんと哀しい、哀れなみどりごよ！
　朝も昼も悲嘆にくれるのです
　何も言わず何も歌わず別れるしかありません
　おやすみ　おやすみよ

※（繰り返し）

16. Amazing Grace（アメイジング・グレイス）

作詞　John Newton (1725–1807) イングランド
作曲　Traditional
Tune　NEW BRITAIN
Meter　8.6.8.6.

　聖書の内容ではなく、作詞者であるニュートンの個人的な神への感謝の言葉です。奴隷貿易で富を得ていたニュートンは、1748 年に嵐に遭い命が危険にさらされた時に初めて、神に必死に祈りました。奇跡的に助かったニュートンはこの日を転機として聖書を読み、1755 年に船を降りて勉学し、やがて牧師となりました。後に、奴隷貿易廃止運動の支援者ともなっています。NEW BRITAIN のメロディーは、アメリカのアパラチア地方の民謡であると言われていますが、アパラチア地方は初期の移民の言葉や文化が色濃く残った地方でもあり、スコットランドやアイルランドの民謡にその起源をみる説もあります。現在では "Amazing Grace" のメロディーとして定着していますが、おそらく民謡としての当初は、ゆったりと装飾しながら歌われたものと推測されています。本書の編曲では、その当初の形に敬意を表した無伴奏の自由な歌唱から始まり、2 節以降は独唱でも重唱でも、3 部合唱でも演奏できるようになっています。短いバージョンが必要ならば 16 小節目から開始して 1 番から歌って下さってもかまいません。

(1) Amazing grace [əméiziŋ gréis]　　Amazing の [éi] grace の [éi] のように、各言葉のアクセントのある母音が二分音符で伸びるのだが、この曲の特徴は、そこに二重母音が当てられていることだ。これらはアクセントのある母音、この場合 [é] が長母音化し、音の終わりに [i] が添えられる。以下の単語も同様であり、これら二重母音を自然に、言葉のリズムで歌えるかどうかが鍵となろう。
　　　　　　　　　　　　　　　　　　1 番　sound, saved, found, blind,　2 番　grace, fear, appear,　3 番　dangers, toils, snares, grace, safe,

(2) relieved　　[rilí:vd]　　5 拍の音価分を [í:] の母音で伸ばし、音の切れ目に子音 [vd] を添えるように発音。韻を踏んでいる believed も同じように発音する。

(3) hour　　[á:]　　口語の発音 [áuər] で歌わないのは、前掲の our [á:]、pow'r [pá:]（P74）、flow'r [flá:]（P80）などと同じ。

1. Amazing grace (1) How sweet the sound
   That saved a wretch like me!
   I once was lost, but now I'm found,
   Was blind, but now I see.

2. 'Twas grace that taught my heart to fear.
   And grace my fears relieved; (2)
   How precious did that grace appear,
   The hour (3) I first believed!

3. Through many dangers, toils and snares.
   I have already come;
   'Tis grace hath brought me safe thus far,
   And grace will lead me home.

1. 驚くべき神の恩寵　なんと甘美な響きだろう
   私のように悲惨な者を救って下さった！
   私はかつて迷いの中にあったが今は見出され
   かつて盲目であったが今は見える

2. 神の恩寵が私の心に恐れを教えて下さった
   またその恩寵が恐れから私を解放して下さった
   なんと貴い恵みが現れたことだろう
   私が最初に信仰した時に

3. 多くの危険、苦難と誘惑を通って
   私はここにやってきたのだ
   恩寵が私をここまで無事に導いて下さった
   そして恩寵は私を家に導いて下さるだろう

イギリス歌曲シリーズ③ **Amazing Grace** イギリスの聖歌とクリスマスキャロル　辻　裕久・なかにしあかね監修

●発行所＝カワイ出版（株式会社 全音楽譜出版社 カワイ出版部）
　〒161-0034 東京都新宿区上落合 2-13-3　TEL 03-3227-6286 ／ FAX 03-3227-6296
　出版情報 http://editionkawai.jp
●楽譜浄書＝中野隆介　　　●印刷・製本＝平河工業社
ⓒ 2019 by edition KAWAI, a division of Zen-On Music Co., Ltd.
●楽譜・音楽書等出版物を複写・複製することは法律により禁じられております。落丁・乱丁本はお取り替え致します。
　本書のデザインや仕様は予告なく変更される場合がございます。
ISBN978-4-7609-4183-4

2019 年12月 1 日　第 1 刷発行
2024 年11月 1 日　第 7 刷発行

イギリス歌曲シリーズ CD情報

『イギリス抒情歌曲集 Home, Sweet Home』
（ALCD-7166）¥2,800+税

テノール 辻裕久　ピアノ なかにしあかね

1巻『The Water is Wide イギリス愛唱歌集』
ロジャー・クィルター編曲

My Lady Greensleeves グリーンスリーヴス
Drink to me only with thine eyes
　　　　　ただあなたの瞳からの
The Jolly Miller 陽気な粉ひき
Believe me, if all those endearing young charms
　　　　　信じて下さい 若々しい魅力のすべてが

2巻『O mistress mine シェイクスピアの世界』

Take, O take those lips away
　　　　　消し去りたまえ 唇を　ビショップ作曲
"Three Shakespeare Songs" Op.6
３つのシェイクスピアの歌　クィルター作曲
　　　Come away, death 来たれ 死よ
　　　O mistress mine 愛しい人よ
　　　Blow, blow, thou winter wind 吹け 冬の風よ

4巻『Weep you no more イギリスの愛と夢』

Lay a garland on my hearse 花冠を捧げたまえ
Weep you no more 泣くな 悲しみの泉よ　パリー作曲
Is she not passing fair? 美しい彼女　エルガー作曲
Weep you no more 泣くな 悲しみの泉よ
Cradle Song 子守唄　　　　　　　ホルスト作曲
Weep you no more 泣くな 悲しみの泉よ
　　　　　　　　　　　　　　　クィルター作曲
Tears（Weep you no more）涙
Sleep 眠り　　　　　　　　　　　ガーニー作曲
A sad song（Lay a garland on my hearse）哀歌
My own country 我が故郷　　　ウォーロック作曲

『イギリス愛唱歌集 The Water is Wide』
（ALCD-7250）¥2,800+税

テノール 辻裕久　ピアノ なかにしあかね

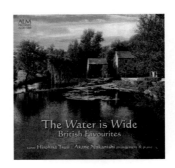

1巻『The Water is Wide イギリス愛唱歌集』
なかにしあかね編曲

The Water is wide 広い河の岸辺
Home, Sweet Home 埴生の宿
Lavender's Blue ラヴェンダー・ブルー
The Salley Gardens サリー・ガーデン
Three or more Scottish Folksongs
３つまたはそれ以上のスコットランド民謡
　　　Annie Laurie アニー・ローリー
　　　Coming through the Rye ライ麦畑で（故郷の空）
　　　Loch Lomond ロッホ・ローモンド
The Last Rose of Summer
　　　　　夏の名残の薔薇（庭の千草）

3巻『Amazing Grace イギリスの聖歌とクリスマスキャロル』
なかにしあかね編曲

Amazing Grace アメイジング・グレイス
What a Friend We Have in Jesus いつくしみ深き
Rock of ages, cleft for me ちとせの岩よ
Deck the Hall ひいらぎ飾ろう
What Child is This 御使い歌いて（グリーンスリーヴス）
O come all ye faithful 神の御子は
Once in Royal David's City ダビデの町に
Joy to the World もろびとこぞりて
The First Nowell まきびとひつじを
The Twelve Days of Christmas クリスマスの12日
Hark! The Herald Angels sing 天には栄え
Coventry Carol コヴェントリー・キャロル
Ding! Dong! Merrily on High! ディンドン鐘が鳴る
God rest ye Merry, Gentlemen 世の人忘るな
The Holy and the Ivy ひいらぎとつたは